Impressum
Verlag: BABADADA GmbH, Nedderfeld 112 , 22529 Hamburg
Geschäftsführer / Verlagsleitung: Harald Hof
Druck: Books on Demand GmbH, In de Tarpen 42, 22848 Norderstedt

Imprint
Publisher: BABADADA GmbH, Nedderfeld 112 , 22529 Hamburg, Germany
Managing Director / Publishing direction: Harald Hof
Print: Books on Demand GmbH, In de Tarpen 42, 22848 Norderstedt, Germany

məktəb

школа

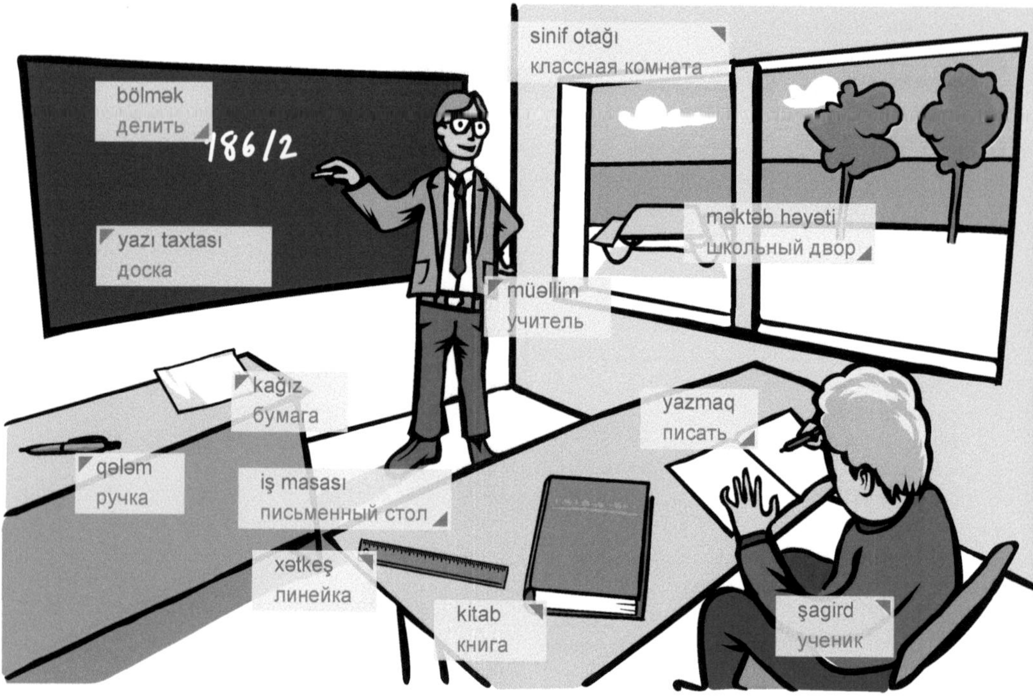
sinif otağı
классная комната
bölmək
делить
186/2
yazı taxtası
доска
məktəb həyəti
школьный двор
müəllim
учитель
kağız
бумага
yazmaq
писать
qələm
ручка
iş masası
письменный стол
xətkeş
линейка
kitab
книга
şagird
ученик

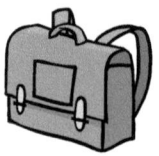

məktəbli çantası

ранец

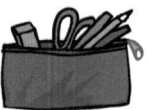

karandaş qabı

пенал

karandaş

карандаш

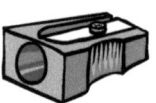

karandaş yonan

точилка

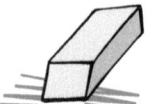

pozan

ластик

rəsm albomu

альбом для рисования

rəsm

рисунок

boya fırçası

кисточка

boya qutusu

коробка красок

qayçı

ножницы

yapışdırıcı

клей

dəftər

тетрадь

ev tapşırığı

домашняя работа

say

цифра

say

прибавлять

əlavə etmək

прибавлять

çıxmaq

вычитать

vurmaq

умножать

hesablamaq

считать

hərf

буква

əlifba

алфавит

söz

слово

mətn

текст

oxumaq

читать

tabaşir

мел

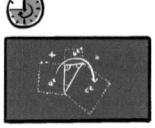

dərs

урок

sinif jurnalı

классный журнал

imtahan

экзамен

təhsil haqqında sənəd

диплом

məktəb uniforması

школьная форма

təhsil

образование

ensiklopediya

энциклопедия

universitet

университет

mikroskop

микроскоп

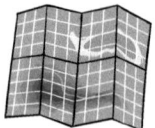

xəritə

карта

zibil qutusu

корзина для бумаг

səyahət

путешествие

mehmanxana
гостиница
Grand
yataqxana
турбаза
ROOMS
EXCHANGE
valyuta mübadiləsi məntəqəsi
пункт обмена валюты
çamadan
чемодан
avtomobil
автомобиль

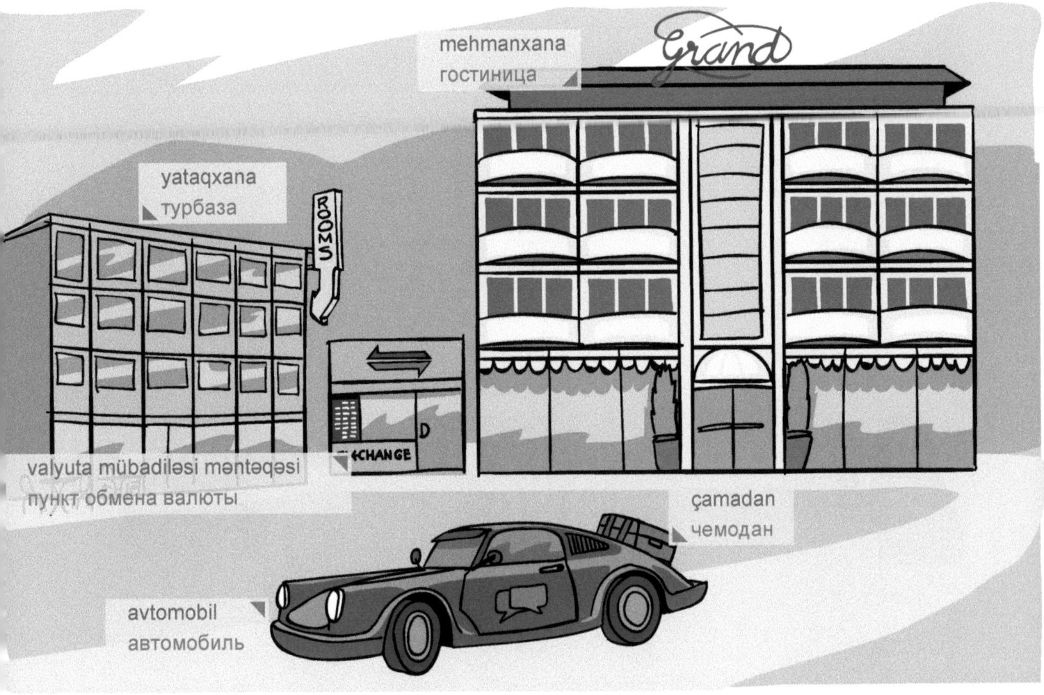

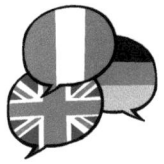

dil

язык

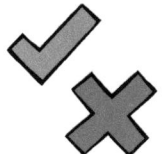

bəli/xeyr

да / нет

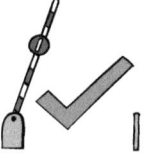

oldu

хорошо

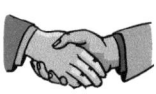

salam

Привет

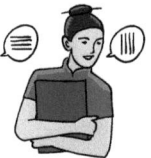

tərcüməçi

переводчик

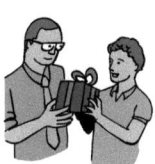

Təşəkkür edirəm

Спасибо

giyməti nə qədərdir ...?

Сколько стоит...?

mən başa düşmürəm

Я не понимаю

problem

проблема

Axşamınız xeyir!

Добрый вечер!

Sabahınız xeyir!

Доброе утро!

Gecəniz xeyrə galsin!

Доброй ночи!

hələlik

До свидания

istiqamət

направление

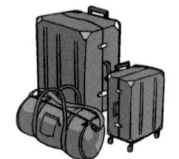

baqaj

багаж

torba

сумка

kürək çantası

рюкзак

qonaq

гость

otaq

комната

yataq-çuval

спальный мешок

çadır

палатка

turistlər üçün məlumat

туристическая информация

çimərlik

пляж

kredit kartı

кредитная карточка

səhər yeməyi

завтрак

günorta yeməyi

обед

nahar yeməyi

ужин

bilet

билет

lift

лифт

poçt markası

почтовая марка

sərhəd

граница

gömrük

таможня

səfirlik

посольство

viza

виза

pasport

паспорт

səyahət - путешествие

nəqliyyat

транспорт

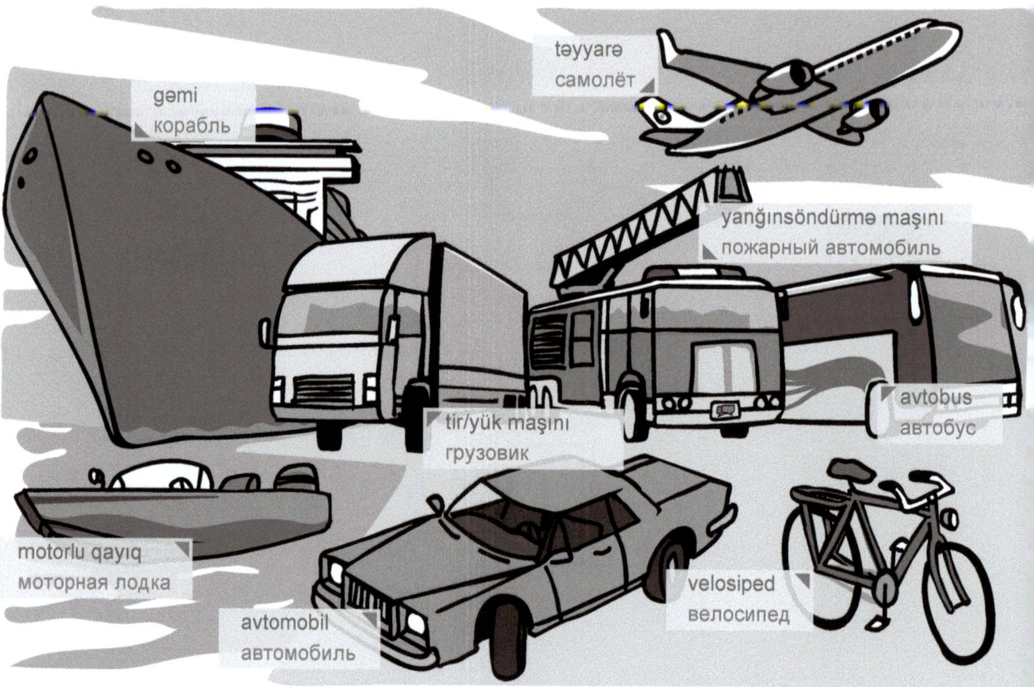
təyyarə
самолёт
gəmi
корабль
yanğınsöndürmə maşını
пожарный автомобиль
avtobus
автобус
tir/yük maşını
грузовик
motorlu qayıq
моторная лодка
velosiped
велосипед
avtomobil
автомобиль

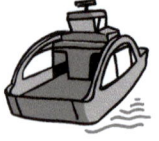

bərə

паром

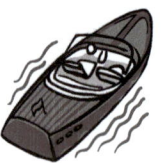

qayıq

лодка

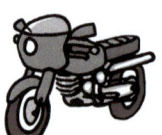

motosiklet

мотоцикл

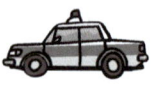

polis avtomobili

полицейский автомобиль

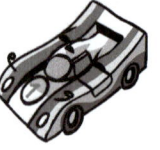

yarış avtomobili

гоночный автомобиль

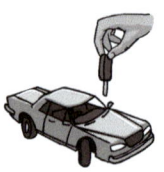

icarə avtomobili

арендованный автомобиль

avtomobil icarəsi

совместное пользование
автомобилями

texniki yardım maşını

буксировочный
автомобиль

zibil maşını

мусоровоз

mühərrik

двигатель

yanacaq

топливо

benzin doldurma mәntәqәsi

заправка

yol nişanı

дорожный знак

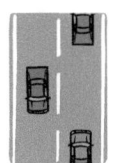

yol hәrәkәti

движение

tıxac

пробка

avtomobil dayanacağı

автостоянка

dәmir yolu stansiyası

вокзал

dәmiryol

рельсы

qatar

поезд

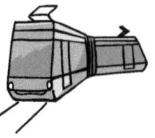

tramvay

трамвай

vaqon

вагон

helikopter

вертолёт

hava limanı

аэропорт

qüllə

вышка

sərnişin

пассажир

konteyner

контейнер

karton qutu

коробка

əl arabası

тележка

səbət

корзина

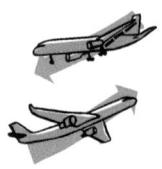

qalxmaq / enmək

взлетать / приземляться

şəhər

город

kənd

деревня

şəhər mərkəzi

центр города

ev

дом

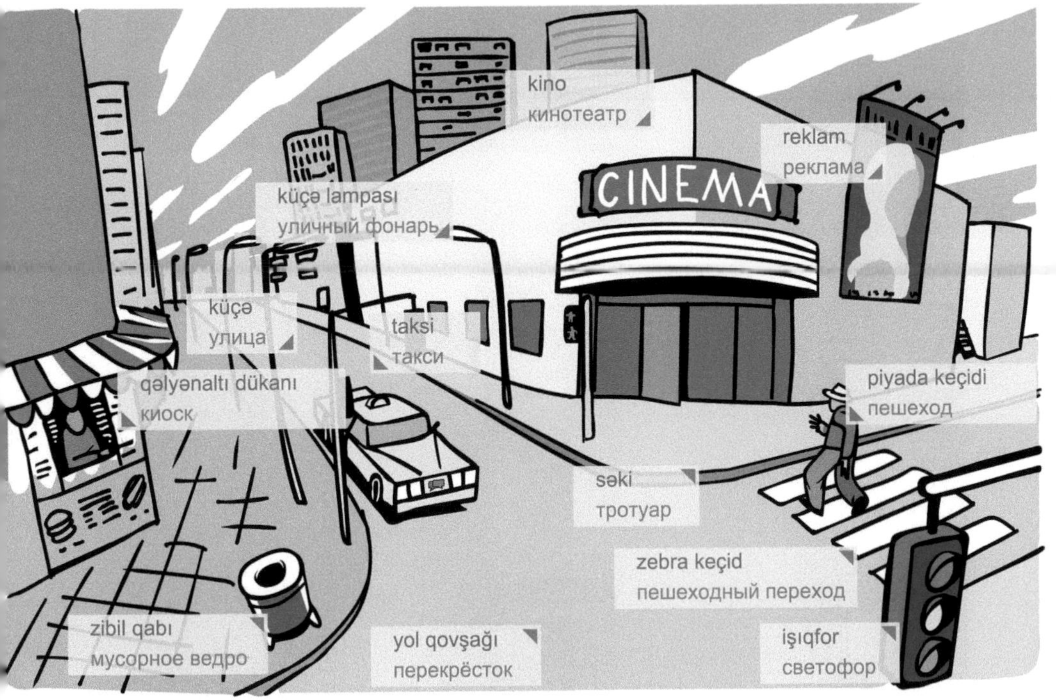

kino
кинотеатр

reklam
реклама

küçə lampası
уличный фонарь

CINEMA

küçə
улица

taksi
такси

qəlyənaltı dükanı
киоск

piyada keçidi
пешеход

səki
тротуар

zebra keçid
пешеходный переход

zibil qabı
мусорное ведро

yol qovşağı
перекрёсток

işıqfor
светофор

daxma

хижина

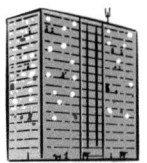

mənzil

квартира

dəmir yolu stansiyası

вокзал

bələdiyyə binası

ратуша

muzey

музей

məktəb

школа

universitet

университет

bank

банк

xəstəxana

больница

mehmanxana

гостиница

aptek

аптека

ofis

офис

kitab dükkanı

книжный магазин

dükan

магазин

çiçək dükanı

цветочный магазин

supermarket

супермаркет

bazar

рынок

univermaq

универмаг

balıq satıcısı

торговец рыбой

ticarət mərkəzi

торговый центр

liman

порт

park

парк

oturacaq

скамейка

körpü

мост

pilləkən

лестница

metro

метро

tunel

тоннель

avtobus dayanacağı

автобусная остановка

bar

бар

restoran

ресторан

poçt qutusu

почтовый ящик

küçə nişanı

табличка с названием
улицы

parkinq sayğacı

паркометр

zoopark

зоопарк

üzgüçülük hovuzu

бассейн

məscid

мечеть

ferma

ферма

ətraf mühitin çirklənməsi

загрязнение окружающей среды

məzarlıq

кладбище

kilsə

церковь

oyun meydançası

детская площадка

məbəd

храм

mənzərə

ландшафт

yarpaq
лист

yol nişanı
дорожный указатель

yol
дорога

çəmən
луг

daş
камень

piyada səyyah
путешественник

ağac
дерево

çay
река

ot
трава

gül
цветок

vadi
долина

təpə
гора

göl
озеро

meşə
лес

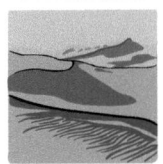

səhra
пустыня

vulkan
вулкан

qəsr
замок

göy qurşağı
радуга

göbələk
гриб

palma
пальма

ağcaqanad
комар

milçək
муха

qarışqa
муравей

arı
пчела

hörümçək
паук

böcək

жук

qurbağa

лягушка

dələ

белка

kirpi

еж

dovşan

заяц

bayquş

сова

quş

птица

qu quşu

лебедь

qaban

кабан

maral

олень

sığın

лось

su bəndi

плотина

külək turbini

ветряной генератор

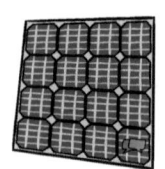

günəş batareyası

солнечная батарея

iqlim

климат

restoran

ресторан

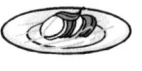

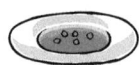

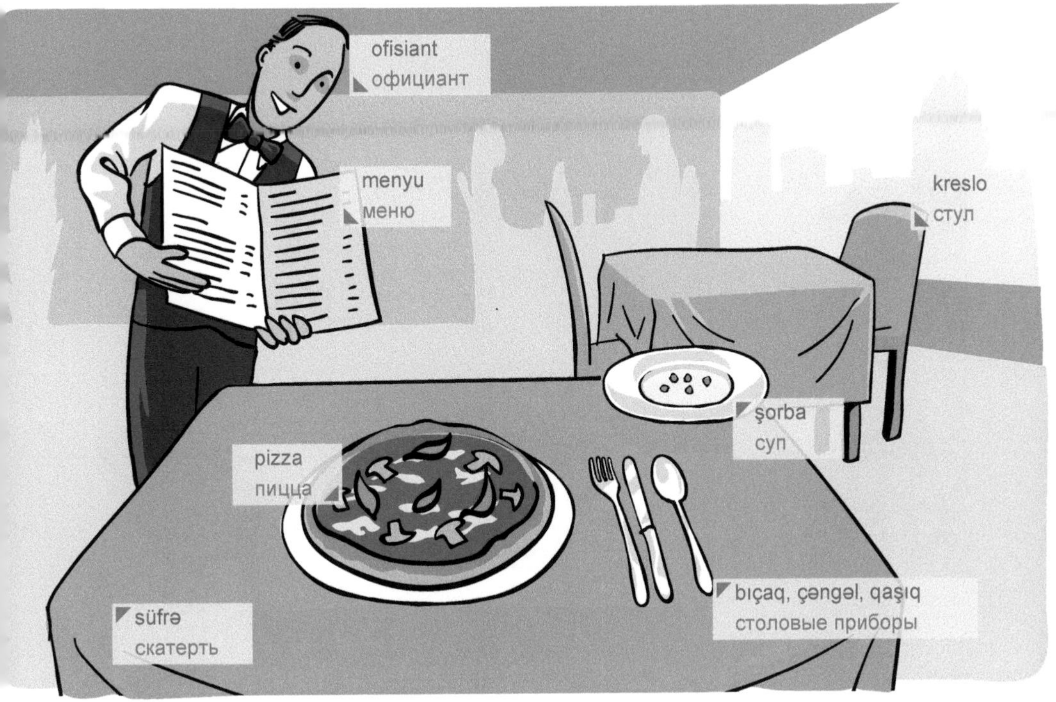

ofisiant
официант
menyu
меню
kreslo
стул
şorba
суп
pizza
пицца
bıçaq, çəngəl, qaşıq
столовые приборы
süfrə
скатерть

məzə

закуска

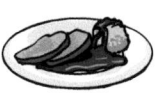

əsas yemək

главное блюдо

desert

десерт

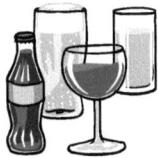

içkilər

напитки

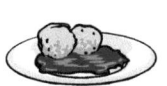

yemək

еда

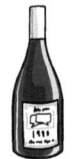

şüşə

бутылка

fast food

фастфуд

küçə yeməkləri

уличная еда

çaynik

чайник

qəndqabı

сахарница

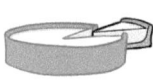

pay

порция

espresso maşını

кофеварка

hündür uşaq kreslosu

детский стульчик

faktura

счет

nimçə

поднос

bıçaq

нож

çəngəl

вилка

qaşıq

ложка

çay qaşığı

чайная ложка

salfet

салфетка

şüşə

стакан

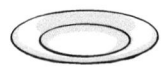

boşqab

тарелка

şorba boşqabı

суповая тарелка

nəlbəki

блюдце

sous

соус

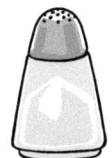

duz qabı

солонка

bibərüyüdən

мельница для перца

sirkə

уксус

duru yağ

масло

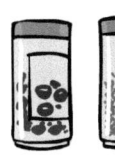

ədviyyat

специи

ketçup

кетчуп

xardal

горчица

mayonez

майонез

supermarket

супермаркет

xüsusi təklif
специальное предложение
FOR
müştəri
покупатель
süd məhsulları
молочные продукты
meyvə
фрукты
alış-veriş arabası
тележка для покупок

BUTCHERS

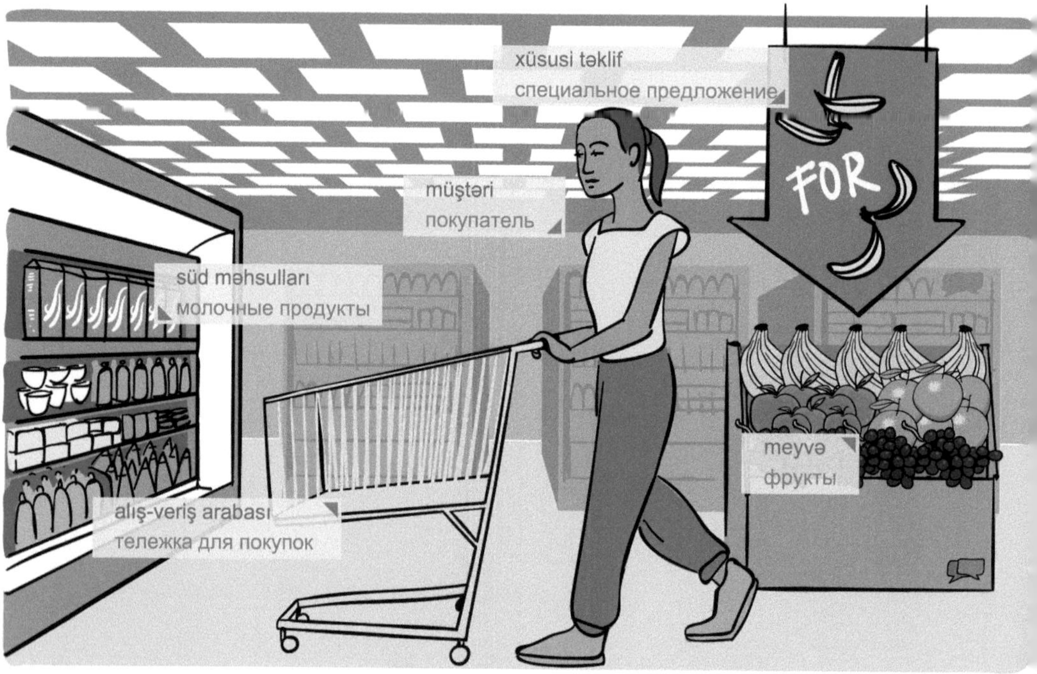

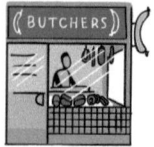

qəssab dükanı

мясной магазин

BAKERY

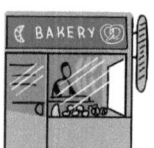

çörəkçi

пекарня

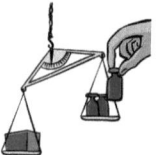

çəkmək

взвешивать

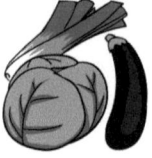

tərəvəz

овощи

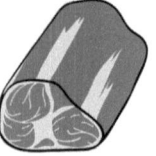

ət

мясо

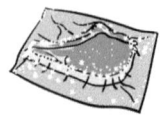

dondurulmuş qida

быстрозамороженные продукты

soyuq ət yeməyi

нарезка

konservləşdirilmiş qida

консервы

yuyucu toz

стиральный порошок

şirniyyat

сладости

təsərrüfat malları

предмет домашнего обихода

yuyucu vasitələr

моющее средство

satıcı

продавщица

kassa

касса

kassir

кассир

alış-veriş siyahısı

список покупок

iş saatları

время работы

pul kisəsi

бумажник

kredit kartı

кредитная карточка

torba

сумка

plastik torba

полиэтиленовый пакет

su

вода

şirə

сок

süd

молоко

cola

кока-кола

şərab

вино

pivə

пиво

alkoqollu içkilər

алкоголь

kakao

какао

çay

чай

qəhvə

кофе

espresso

эспрессо

kapuçino

капучино

banan

банан

alma

яблоко

portağal

апельсин

yemiş

арбуз

limon

лимон

yerkökü

морковь

sarımsaq

чеснок

bambuq

бамбук

soğan

лук

göbələk

гриб

qoz-fındıq

орехи

əriştə

лапша

spagetti

спагетти

düyü

рис

salat

салат

cips

картофель фри

qızardılmış kartof

жареный картофель

pizza

пицца

hamburger

гамбургер

sandviç

сэндвич

eskalop

шницель

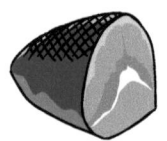

hisə verilmiş donuz əti

ветчина

salyami

салями

kolbasa

колбаса

toyuq

курица

qızardılmış ət tikəsi

жаркое

balıq

рыба

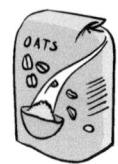

yulaf yarması

овсяные хлопья

müsli

мюсли

partlaq qarğıdalı

кукурузные хлопья

un

мука

kruassan

круассан

bulka

булочка

çörək

хлеб

tost

тост

peçenye

печенье

kərə yağı

масло

kəsmik

творог

tort

пирог

yumurta

яйцо

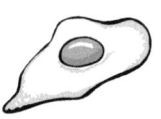

qayğanaq

яичница

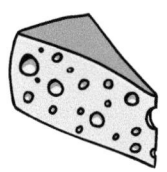

pendir

сыр

dondurma

мороженое

şəkər

сахар

bal

мёд

mürəbbə

мармелад

şokolad pastası

крем с нугой

köri

карри

ferma

ферма

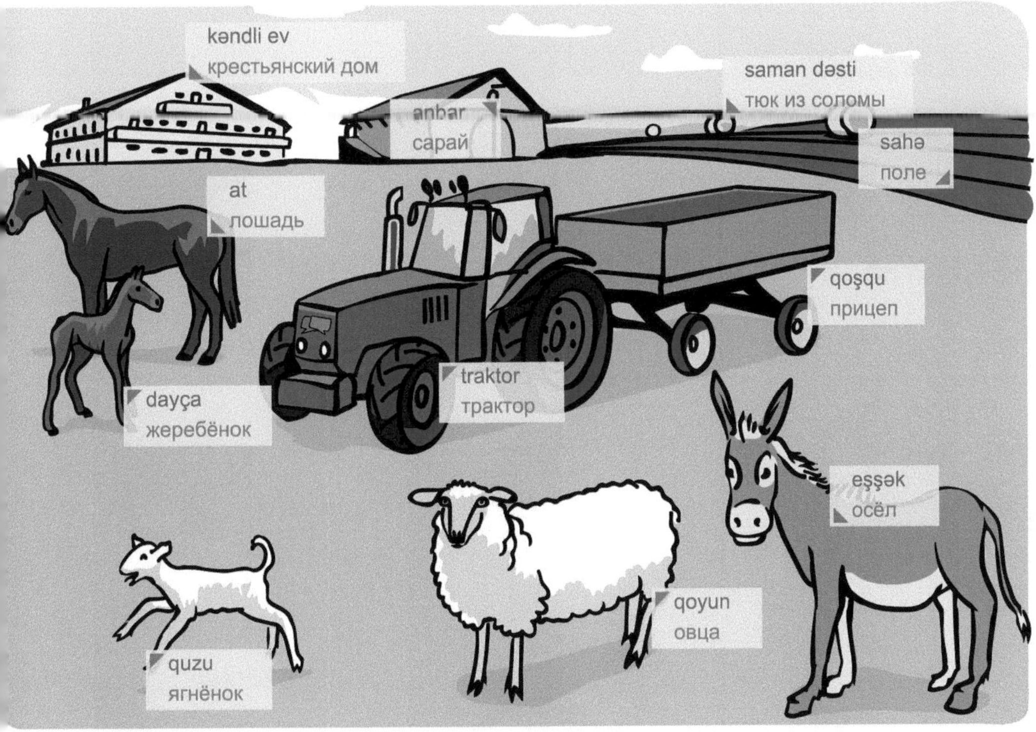
kəndli ev
крестьянский дом
saman dəsti
тюк из соломы
anbar
сарай
sahə
поле
at
лошадь
qoşqu
прицеп
traktor
трактор
dayça
жеребёнок
eşşək
осёл
qoyun
овца
quzu
ягнёнок

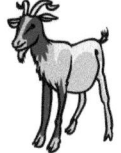

keçi

коза

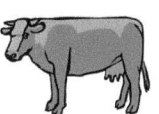

inək

корова

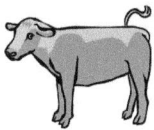

dana

телёнок

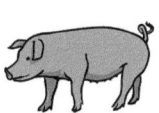

donuz

свинья

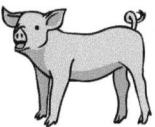

donuz balası

поросёнок

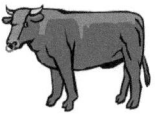

öküz

бык

qaz

гусь

ördək

утка

cücə

цыплёнок

toyuq

курица

xoruz

петух

siçovul

крыса

pişik

кошка

siçan

мышь

öküz

вол

it

собака

itdamı

конура

bağ şlanqı

садовый шланг

susəpən

лейка

dəryaz

коса

kotan

плуг

oraq

серп

kətman

мотыга

yaba

навозные вилы

balta

топор

əl arabası

тачка

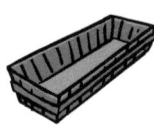

çalov

корыто

süd bidonu

бидон для молока

çuval

мешок

çəpər

забор

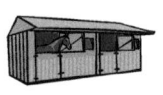

tövlə

хлев

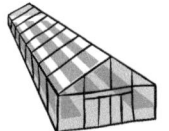

istixana

теплица

torpaq

почва

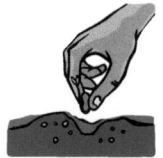

toxum

посев

gübrə

удобрение

taxılbiçən kombayn

комбайн

məhsul yığmaq

собирать урожай

məhsul yığımı

урожай

yam

ямс

buğda

пшеница

soya

соя

kartof

картофель

dən

кукуруза

raps

рапс

meyvə ağacı

фруктовое дерево

maniok

маниок

yarma

злаки

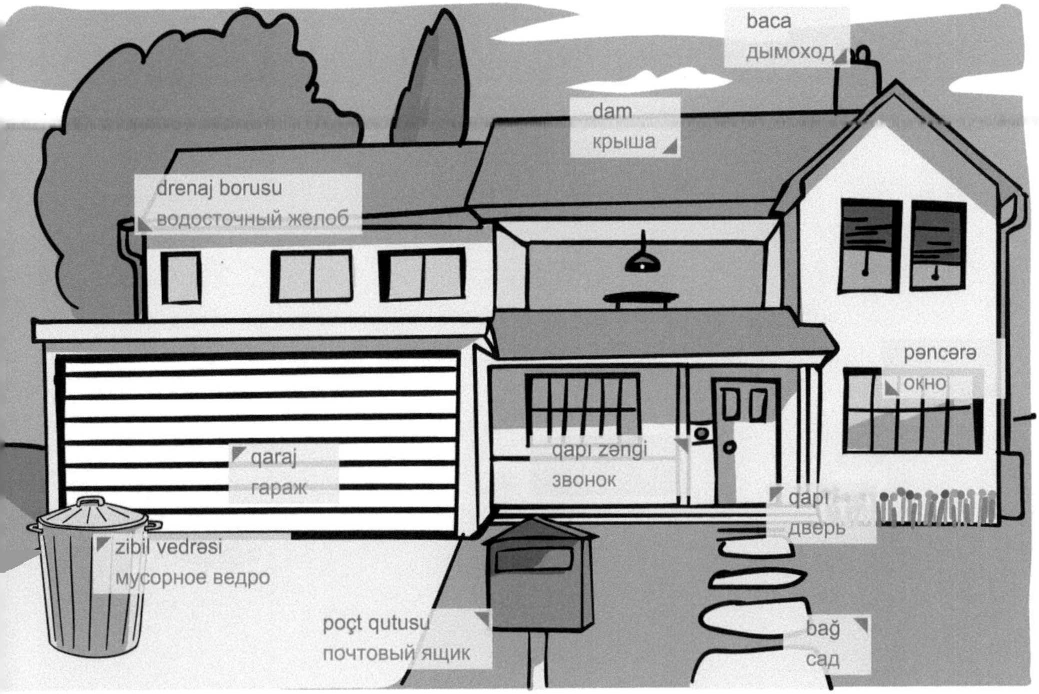

baca
дымоход

dam
крыша

drenaj borusu
водосточный желоб

pəncərə
окно

qaraj
гараж

qapı zəngi
звонок

qapı
дверь

zibil vedrəsi
мусорное ведро

poçt qutusu
почтовый ящик

bağ
сад

qonaq otağı

гостиная

hamam otağı

ванная комната

mətbəx

кухня

yataq otağı

спальня

uşaq otaqı

детская комната

yemək otağı

столовая

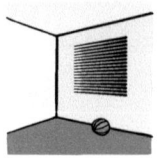

döşəmə

пол

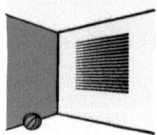

divar

стена

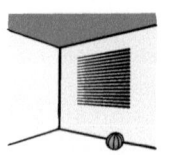

tavan

потолок

zirzəmi

подвал

sauna

сауна

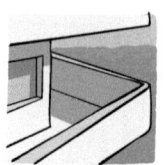

balkon

балкон

terras

терраса

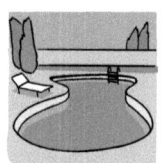

üzgüçülük hovuzu

бассейн

otbiçən maşın

газонокосилка

mələfə

пододеяльник

yataq örtüyü

покрывало

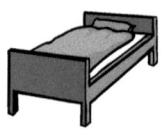

yataq

кровать

süpürgə

метла

vedrə

ведро

elektrik açarı

выключатель

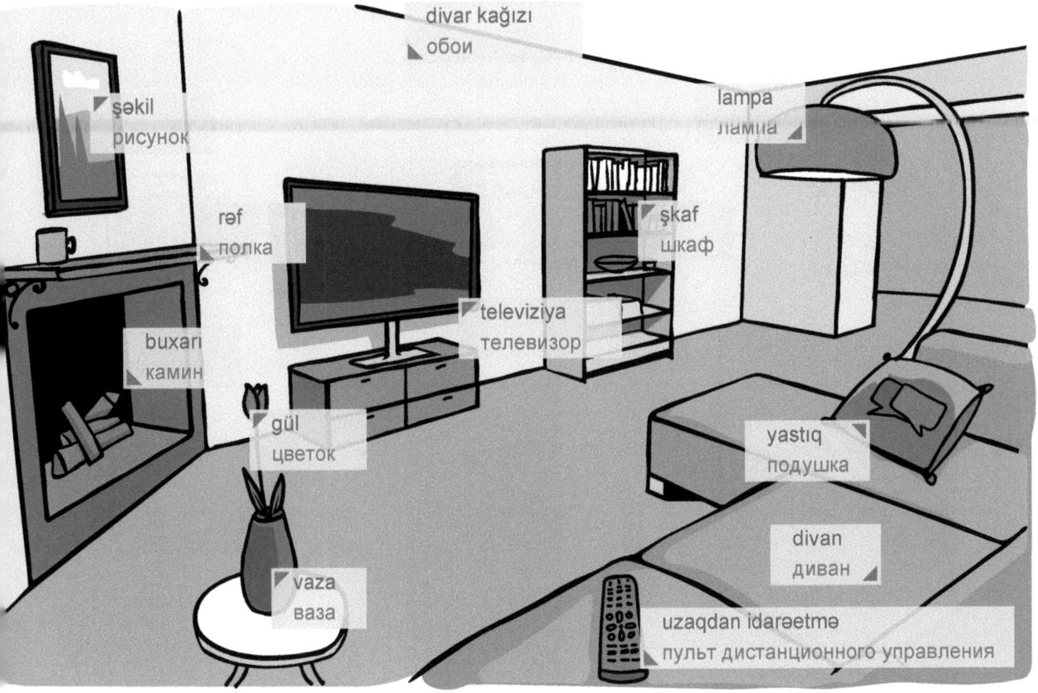

divar kağızı
обои

şəkil
рисунок

lampa
лампа

rəf
полка

şkaf
шкаф

buxarı
камин

televiziya
телевизор

gül
цветок

yastıq
подушка

divan
диван

vaza
ваза

uzaqdan idarəetmə
пульт дистанционного управления

xalça
ковёр

pərdə
штора

masa
стол

kreslo
стул

yırğalanan stul
кресло-качалка

kreslo
кресло

kitab

книга

yorğan

покрывало

bəzək

украшение

odun

дрова

film

фильм

stereo səs sistemi

стереосистема

açar

ключ

qəzet

газета

rəsm əsəri

картина

plakat

плакат

radio

радио

bloknot

блокнот

tozsoran

пылесос

kaktus

кактус

şam

свеча

mətbəx
кухня

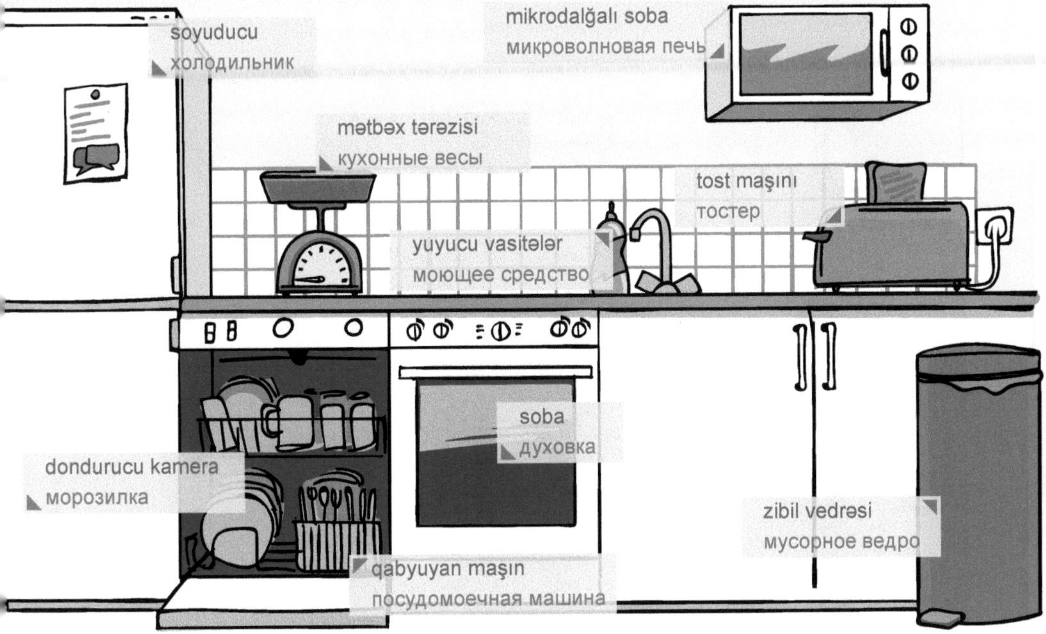

soyuducu
холодильник
mikrodalğalı soba
микроволновая печь
mətbəx tərəzisi
кухонные весы
tost maşını
тостер
yuyucu vasitələr
моющее средство
soba
духовка
dondurucu kamera
морозилка
zibil vedrəsi
мусорное ведро
qabyuyan maşın
посудомоечная машина

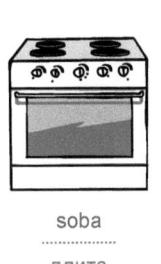

soba

плита

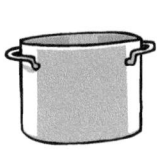

qazan

кастрюля

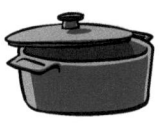

çuqun qazan

чугунный котелок

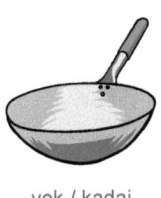

vok / kadai

вок / кадай

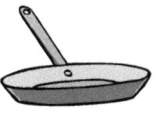

tava

сковорода

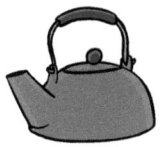

çaydan

чайник

buxar qazanı

пароварка

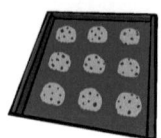

sac

противень

qab

посуда

fincan

кружка

ləyən

миска

yemək üçün çubuqlar

палочки для еды

çömçə

половник

spatula

лопатка

çırpıcı

сбивалка

süzgəc

сито

ələk

сито

sürtgəc

тёрка

həvəngdəstə

ступка

barbekyu

гриль

ocaq

костёр

doğrama taxtası

доска

oxlov

скалка

probkaçıxaran

штопор

banka

жестяная банка

bankaağzıaçan

консервный нож

qabtutan

прихватка

əl üz yuyan

раковина

fırça

щетка

süngər

губка

blender

миксер

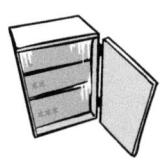

dondurucu

морозильная камера

körpə şüşəsi

бутылочка для кормления

kran

кран

hamam otağı
ванная комната

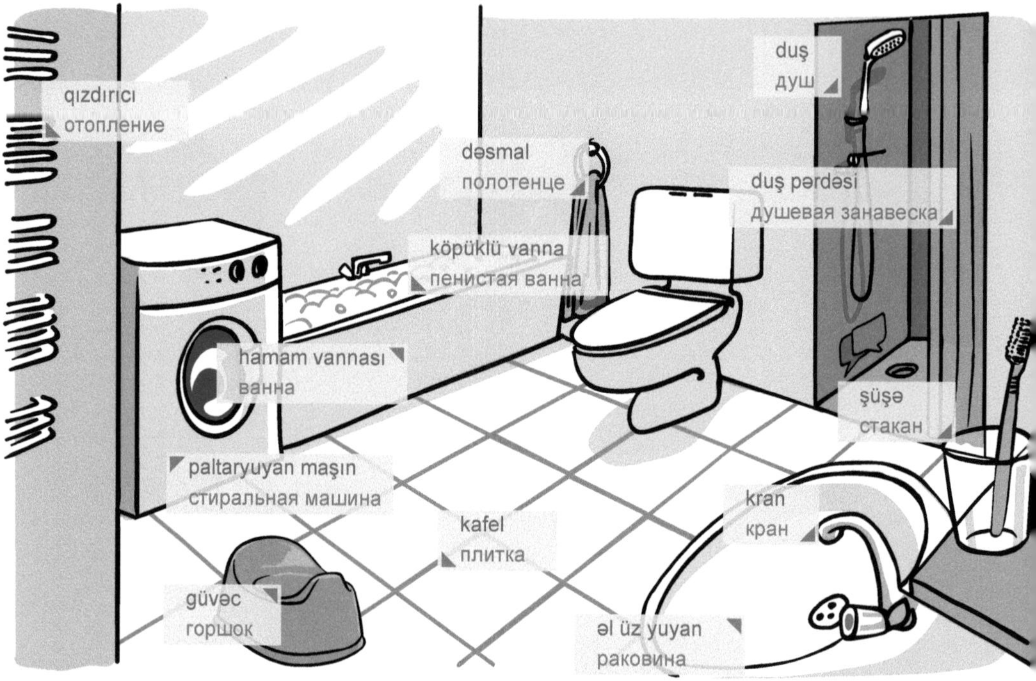

qızdırıcı
отопление
dəsmal
полотенце
duş
душ
duş pərdəsi
душевая занавеска
köpüklü vanna
пенистая ванна
hamam vannası
ванна
şüşə
стакан
paltaryuyan maşın
стиральная машина
kran
кран
kafel
плитка
güvəc
горшок
əl üz yuyan
раковина

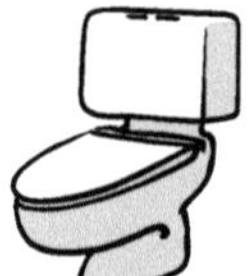

tualet
....
туалет

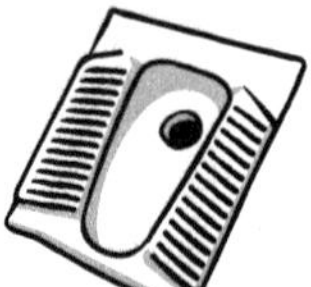

çömbəlmə tualet
....
напольный унитаз

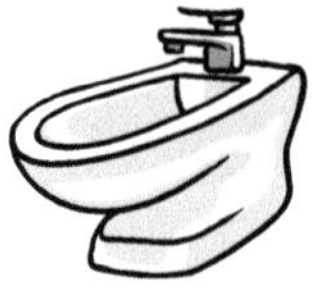

bide
....
биде

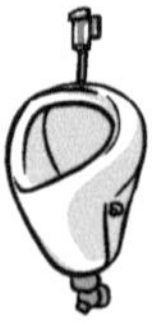

urinal
....
писсуар

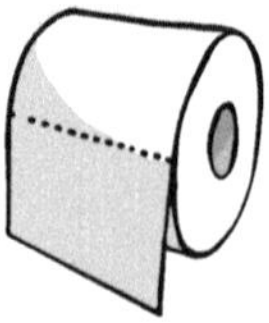

tualet kağızı
....
туалетная бумага

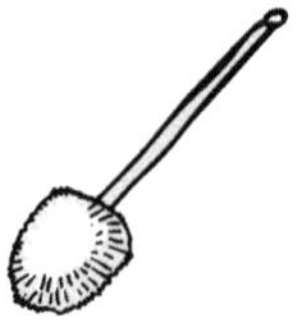

tualet fırçası
....
ершик

diş fırçası

зубная щетка

diş pastası

зубная паста

diş ipi

зубная нить

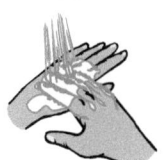

yumaq

мыть

əl duşu

ручной душ

intim duş

интимный душ

taz

таз

bel fırçası

щетка для спины

sabun

мыло

duş üçün gel

гель для душа

şampun

шампунь

əsgi

мочалка

drenaj

сток

krem

крем

dezodorant

дезодорант

güzgü

зеркало

əl güzgüsü

ручное зеркало

ülgüc

бритва

üz qırxmaq üçün köpük

пена для бритья

təraşdan sonra su

лосьон после бритья

daraq

расческа

fırça

щетка

fen

фен

saç spreyi

лак для волос

makiyaj

косметика

dodaq boyası

губная помада

dırnaq lakı

лак для ногтей

pambıq

вата

dırnaq qayçısı

маникюрные ножницы

ətir

духи

hamam otağı - ванная комната

gigiyenik torba

косметичка

kətil

табуретка

tərəzi

весы

hamam xalatı

халат

rezin əlcək

резиновые перчатки

tampon

тампон

gigiyenik salfet

гигиеническая прокладка

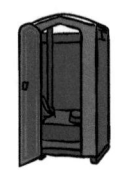

kimyəvi tualet

биотуалет

uşaq otaqı

детская комната

zəngli saat
будильник
yumşaq oyuncaq
мягкая игрушка
oyuncaq avtomobil
игрушечный автомобиль
cingilti
погремушка
kukla evciyi
кукольный домик
hədiyyə
подарок

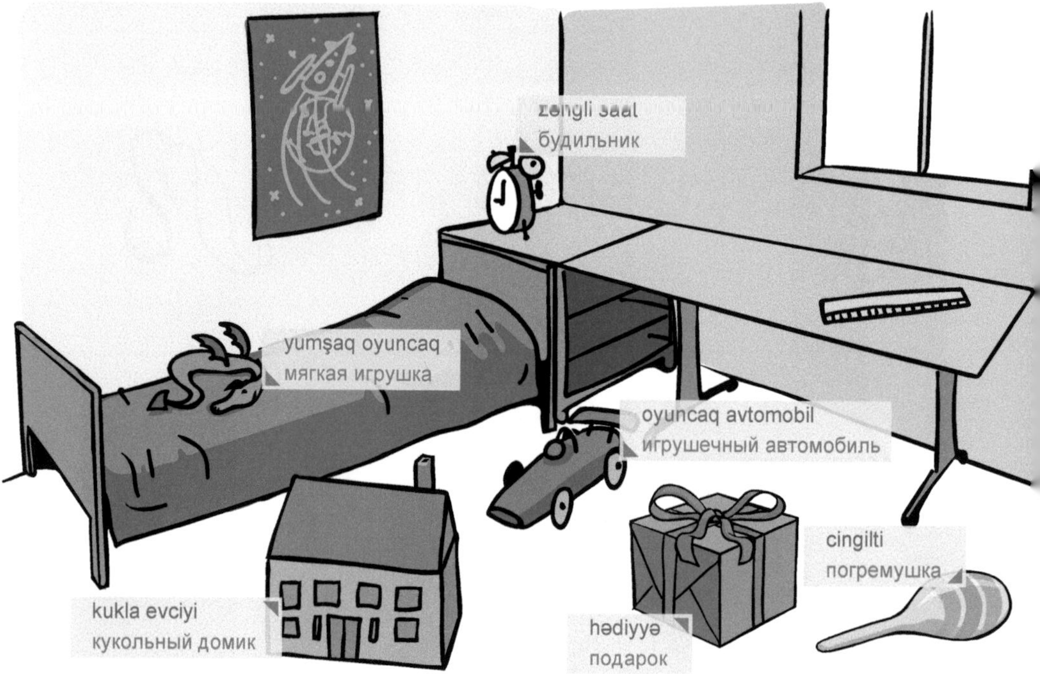

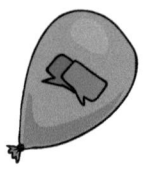

balon

воздушный шар

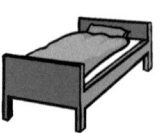

yataq

кровать

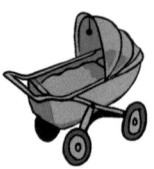

uşaq arabası

детская коляска

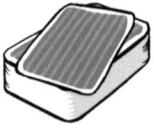

kart dəsti

карточная игра

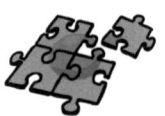

elektrik mişarı

пазл

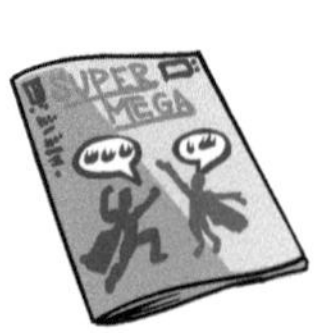

komik

комикс

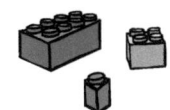

leqo kərpici

кирпичики Лего

konstruktor blokları

кубики

oyuncaq-personaj

игрушечная фигурка

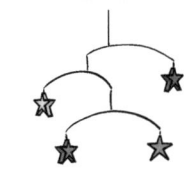

yeni doğulmuş körpələr üçün geyimi

ползунки

frisbi

фрисби

yataq üstünə asılan körpə oyuncağı

мобиле

masaüstü oyun

настольная игра

zər

кубик

oyuncaq qatar

модель железной дороги

emzik

соска

qonaqlıq

вечеринка

rəsmli kitab

книга с картинками

top

мяч

kukla

кукла

oynamaq

играть

qum qutusu

песочница

yelləncək

качели

oyuncaqlar

игрушка

video oyun konsolu

игровая приставка

üç təkərli velosiped

трёхколесный велосипед

plüşdən hazırlanmış
oyuncaq ayı

плюшевый медвежонок

şkaf

шкаф для одежды

geyim

одежда

corab

носки

corab

чулки

kalqotka

колготки

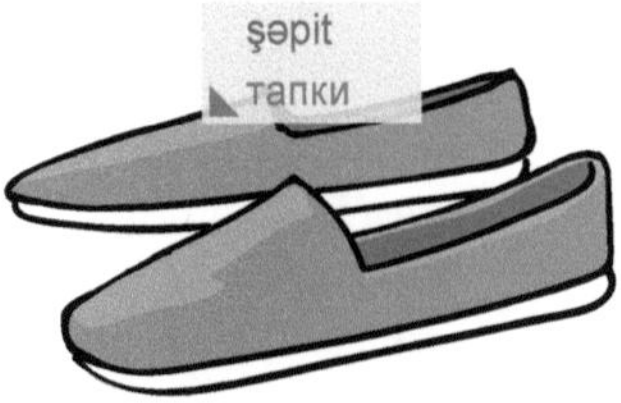

kaşne
шарф

çətir
зонтик

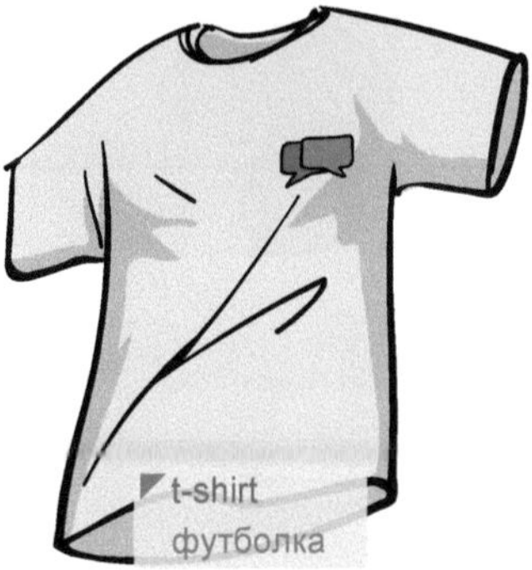

t-shirt
футболка

kəmər
ремень

çəkmə
сапоги

şəpit
тапки

idman ayaqqabısı
кроссовки

sandallar
....
сандалии

ayaqqabı
....
ботинки

rezin çəkmələr
....
резиновые сапоги

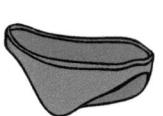

dizlik
....
трусы

lifçik
....
бюстгальтер

alt köynəyi
....
майка

geyim - одежда

alt paltarı

боди

şalvar

брюки

cins

джинсы

yubka

юбка

bluza

блузка

köynək

рубашка

sviter

свитер

başlıqlı idman gödəkçəsi

свитер

gödəkçə

спортивная куртка

gödəkcə

жакет

pencək

пальто

plaş

плащ

kostyum

костюм

paltar

платье

gəlin paltarı

свадебное платье

kostyum

мужской костюм

gecə köynəyi

ночная сорочка

pijama

пижама

sari

сари

hicab / eşarp

платок

çalma

тюрбан

burka

паранджа

kaftan

кафтан

abaya

абайя

çimərlik geyimi

купальник

tumuş

плавки

şort

шорты

məşq kostyumu

спортивный костюм

önlük

фартук

əlcək

перчатки

düymə

пуговица

eynək

очки

bilərzik

браслет

boyunbağı

цепочка

üzük

кольцо

sırğa

серьга

papaq

шапка

asılqan

вешалка

papaq

шляпа

qalstuk

галстук

zəncirbənd

застежка молния

dəbilqə

шлем

aşırma

подтяжки

məktəb uniforması

школьная форма

uniforma

форма

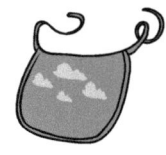

döşlük

детский нагрудник

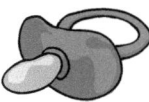

emzik

соска

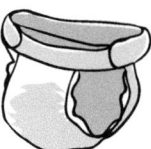

körpə bezi

подгузник

ofis

офис

server
сервер
arxiv şkafı
канцелярский шкаф
printer
принтер
kağız
бумага
monitor
монитор
siçan
мышь
iş masası
письменный стол
qovluq
папка
klaviatura
клавиатура
stul
стул
zibil qutusu
корзина для бумаг
kompyuter
компьютер

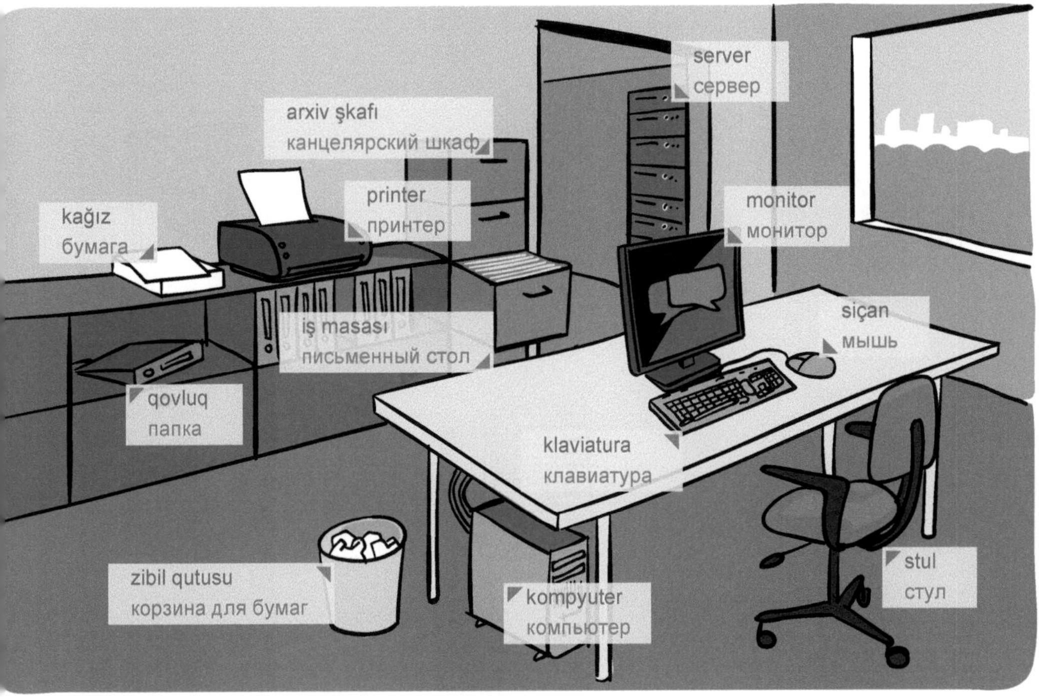

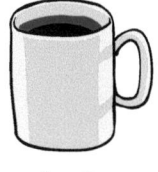

qəhvə fincanı

кофейная кружка

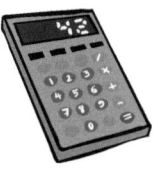

kalkulyator

калькулятор

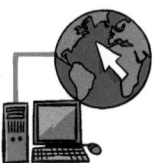

internet

интернет

laptop

ноутбук

məktub

письмо

mesaj

сообщение

mobil telefon

мобильный телефон

şəbəkə

сеть

surətçıxaran maşın

ксерокс

proqram təminatı

программа

telefon

телефон

ştepsel

розетка

faks

факс

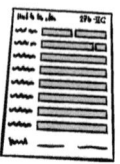

forma

формуляр

sənəd

документ

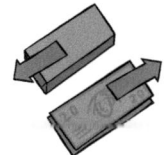

satın almaq

покупать

ödəmək

платить

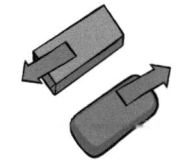

alverlə məşğul olmaq

торговать

pul

деньги

USD

dollar

доллар

EUR

avro

евро

JPY

yen

иена

RUB

rubl

рубль

CHF

frank

франк

CNY

renminbi yuan

жэньминьби юань

INR

rupi

рупия

bankomat

банкомат

valyuta mübadiləsi
məntəqəsi

пункт обмена валюты

qızıl

золото

gümüş

серебро

neft

нефть

enerji

энергия

qiymət

цена

müqavilə

договор

vergi

налог

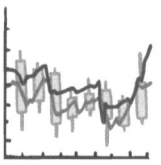

səhm

акция

işləmək

работать

işçi

служащий

işəgötürən

работодатель

fabrik

фабрика

dükan

магазин

peşə
профессии

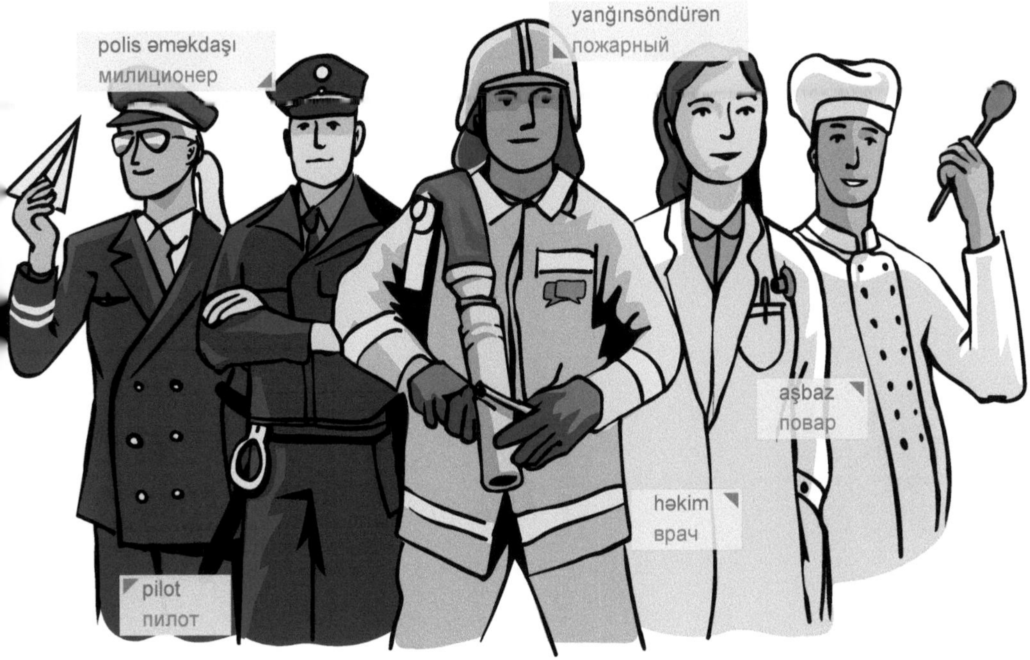

polis əməkdaşı
милиционер
yanğınsöndürən
пожарный
aşbaz
повар
həkim
врач
pilot
пилот

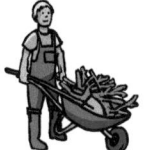

bağban
садовник

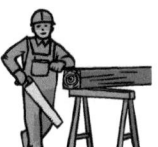

dülgər
столяр

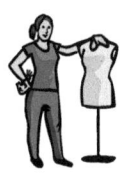

dərzi
швея

hakim
судья

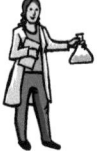

kimyaçı
химик

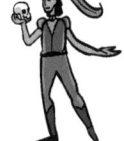

aktyor
актёр

avtobus sürücüsü

водитель автобуса

taksi sürücüsü

таксист

balıqçı

рыбак

xadimə

уборщица

dam işçisi

кровельщик

ofisiant

официант

ovçu

охотник

rəssam

художник

çörəkçi

пекарь

elektrik ustası

электрик

inşaat işçisi

строитель

mühəndis

инженер

qəssab

мясник

santexnik

сантехник

poçtalyon

почтальон

peşə - профессии

əsgər

солдат

memar

архитектор

kassir

кассир

gül-çiçək satıcısı

флорист

bərbər

парикмахер

konduktor

кондуктор

mexanik

механик

kapitan

капитан

diş həkimi

зубной врач

alim

ученый

ravvin

раввин

imam

имам

rahib

монах

keşiş

священник

alətlər

инструменты

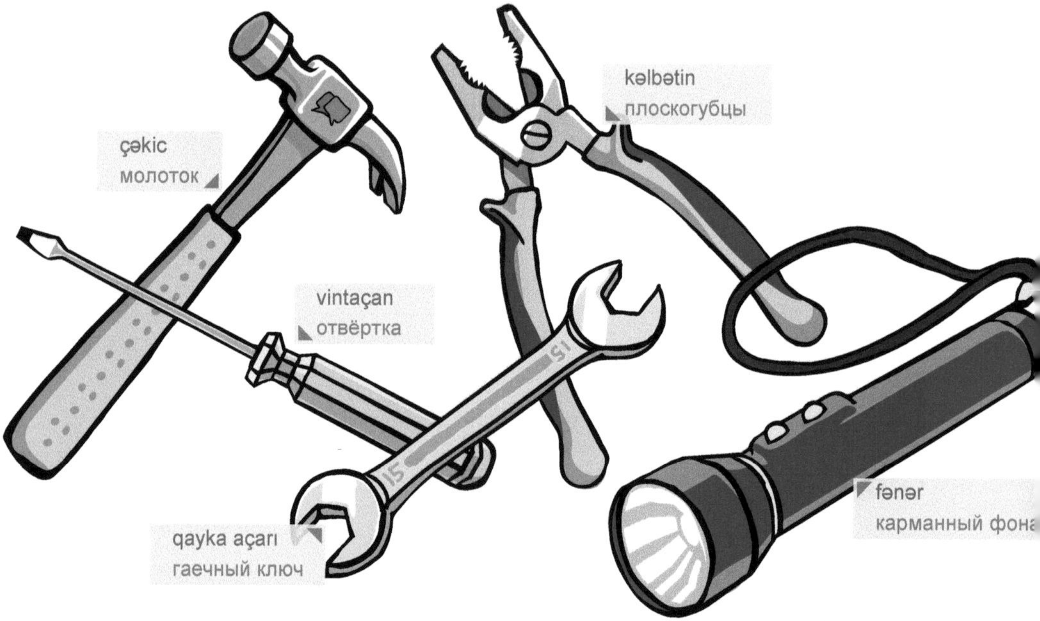
çəkic
молоток
kəlbətin
плоскогубцы
vintaçan
отвёртка
qayka açarı
гаечный ключ
fənər
карманный фона

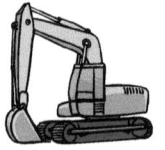

ekskavator

экскаватор

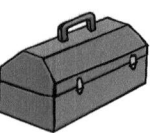

alətlər qutusu

ящик для инструментов

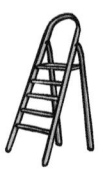

nərdivan

стремянка

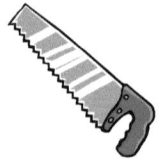

mişar

пила

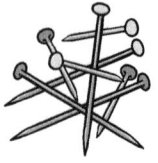

dırnaqlar

гвозди

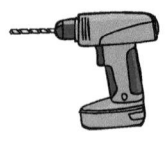

drel

дрель

tǝmir etmǝk
....
ремонтировать

kürǝk
....
лопата

Lǝnǝt olsun!
....
Блин!

xǝkǝndaz
....
совок

boya vedrǝsi
....
ведро с краской

vintlǝr
....
винты

musiqi alǝtlǝri
музыкальные инструменты

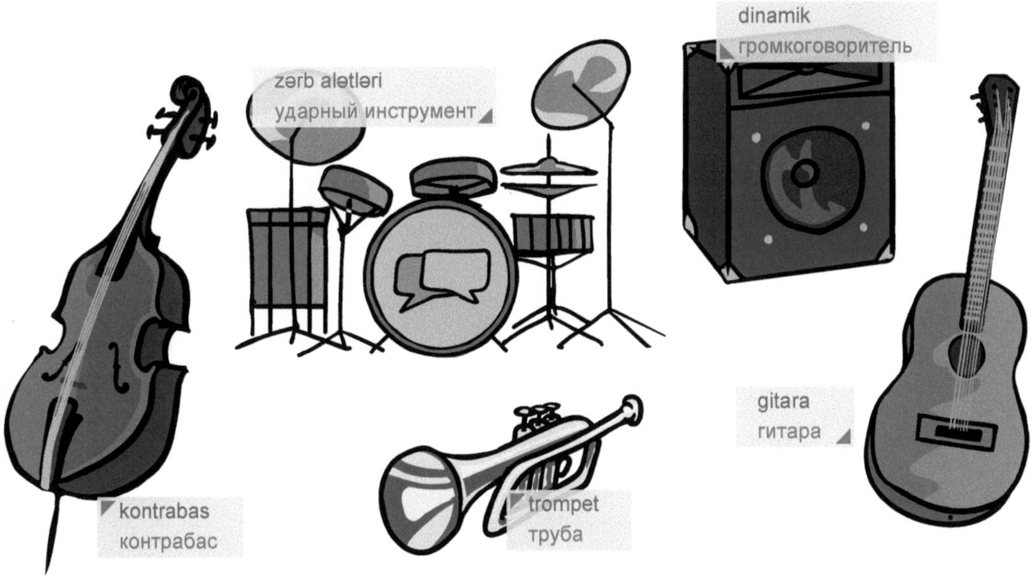

dinamik
громкоговоритель

zǝrb alǝtlǝri
ударный инструмент

gitara
гитара

kontrabas
контрабас

trompet
труба

fortepiano

пианино

skripka

скрипка

bas

бас-гитара

timpani

литавры

nağara

барабан

sintezator

синтезатор

saksafon

саксофон

fleyta

флейта

mikrofon

микрофон

zoopark

зоопарк

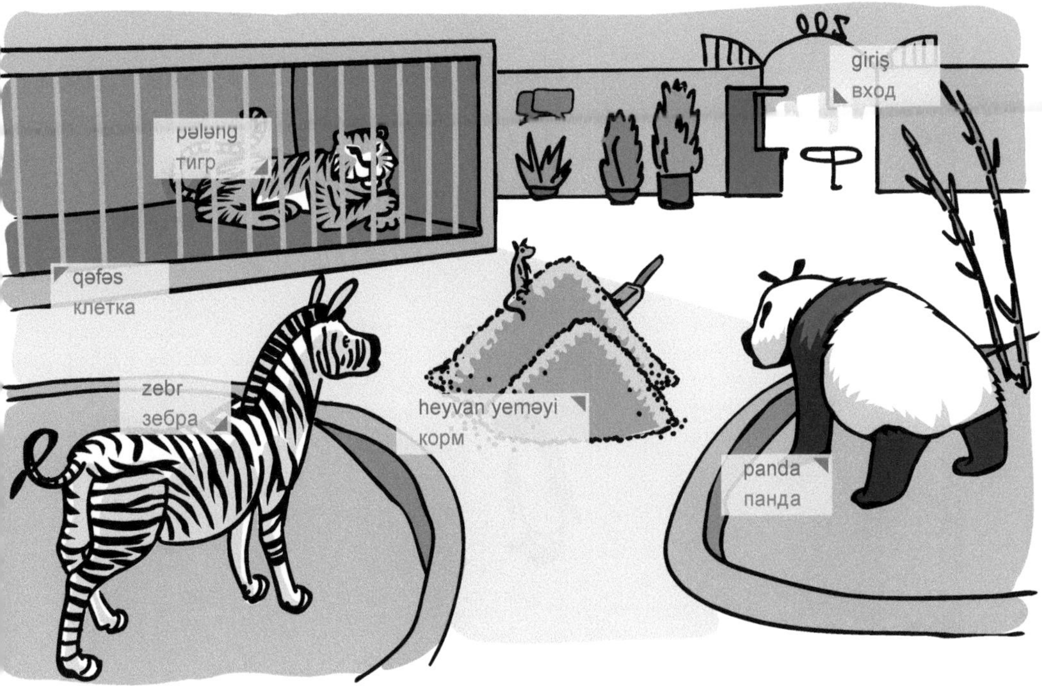
zoo
giriş
вход
pələng
тигр
qəfəs
клетка
zebr
зебра
heyvan yeməyi
корм
panda
панда

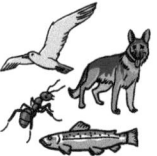

heyvanlar

животные

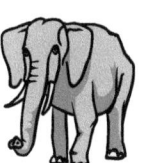

fil

слон

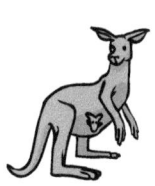

kenquru

кенгуру

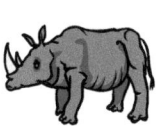

kərgədan

носорог

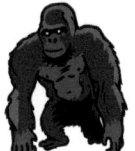

qorilla

горилла

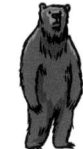

ayı

медведь

dəvə

верблюд

dəvəquşu

страус

aslan

лев

meymun

обезьяна

flamingo

фламинго

tutuquşu

попугай

qütb ayısı

белый медведь

pinqvin

пингвин

köpəkbalığı

акула

tovuz

павлин

ilan

змея

timsah

крокодил

zoopark işçisi

служитель зоопарка

suiti

тюлень

yaquar

ягуар

poni

пони

bəbir

леопард

hippopotam

бегемот

zürafə

жираф

qartal

орёл

qaban

кабан

balıq

рыба

tısbağa

черепаха

morj

морж

tülkü

лиса

ceyran

газель

amerikan futbolu
американский футбол

velosiped sürmək
езда на велосипеде

tennis
теннис

basketbol
баскетбол

üzgüçülük
плавание

buz xokkeyi
хоккей

boks
бокс

futbol

футбол

badminton

бадминтон

yüngül atletika

лёгкая атлетика

həndbol

гандбол

xizək

лыжный спорт

polo

поло

fəaliyyət
действия

tullanmaq
прыгать
qucaqlaşmaq
обнимать
gülmək
смеяться
getmək
идти
oxumaq
петь
yuxu qörmək
мечтать
dua etmək
молиться
öpüşmək
целовать

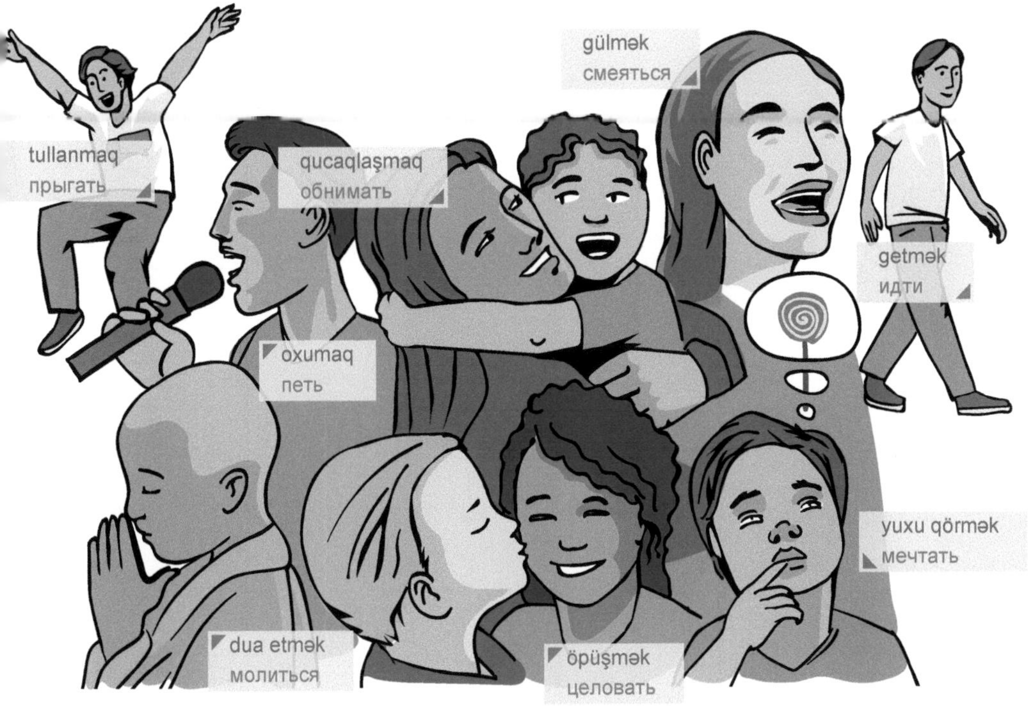

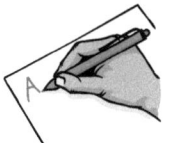

yazmaq

писать

çəkmək

рисовать

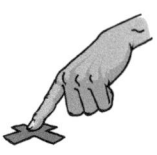

göstərmək

показывать

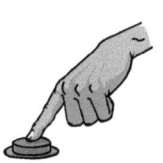

itələmək

нажимать

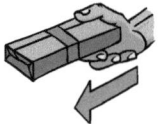

vermək

давать

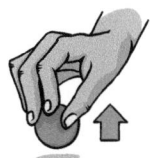

götürmək

брать

sahibi olmaq

иметь

etmək

делать

olmaq

быть

durmaq

стоять

qaçmaq

бежать

çəkmək

тянуть

atmaq

бросать

düşmək

падать

uzanmaq

лежать

gözləmək

ждать

daşımaq

носить

oturmaq

сидеть

geyinmək

надевать

yatmaq

спать

ayılmaq

просыпаться

baxmaq

рассматривать

ağlamaq

плакать

sığallamaq

гладить

daramaq

причесывать

danışmaq

говорить

anlamaq

понимать

soruşmaq

спрашивать

dinləmək

слушать

içmək

пить

yemək

кушать

təmizləmək

наводить порядок

sevmək

любить

bişirmək

готовить

sürmək

ехать

uçmaq

летать

üzmək

ходить под парусом

hesablamaq

считать

oxumaq

читать

öyrənmək

учиться

işləmək

работать

evlənmək

вступать в брак

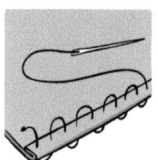

tikmək

шить

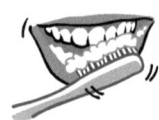

dişləri təmizləmək

чистить зубы

öldürmək

убивать

siqaret çəkmək

курить

göndərmək

отправлять

ailə

семья

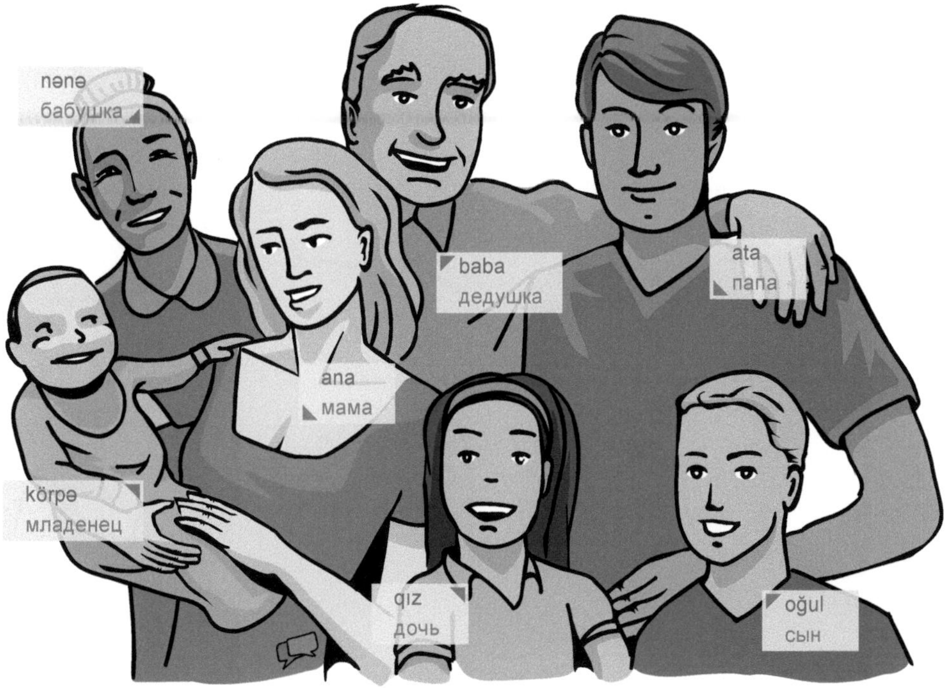
nənə
бабушка
baba
дедушка
ata
папа
ana
мама
körpə
младенец
qız
дочь
oğul
сын

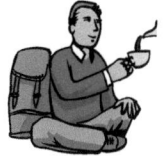

qonaq

гость

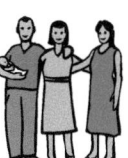

xala/bibi

тетя

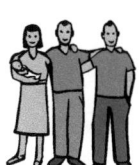

əmi/dayı

дядя

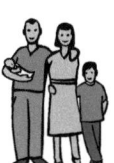

qardaş

брат

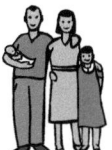

bacı

сестра

bədən

тело

alın
лоб
göz
глаз
çiyin
плечо
barmaq
палец
üz
лицо
buxaq
подбородок
əl
кисть
ayaq
нога
döş
грудь
qol
рука

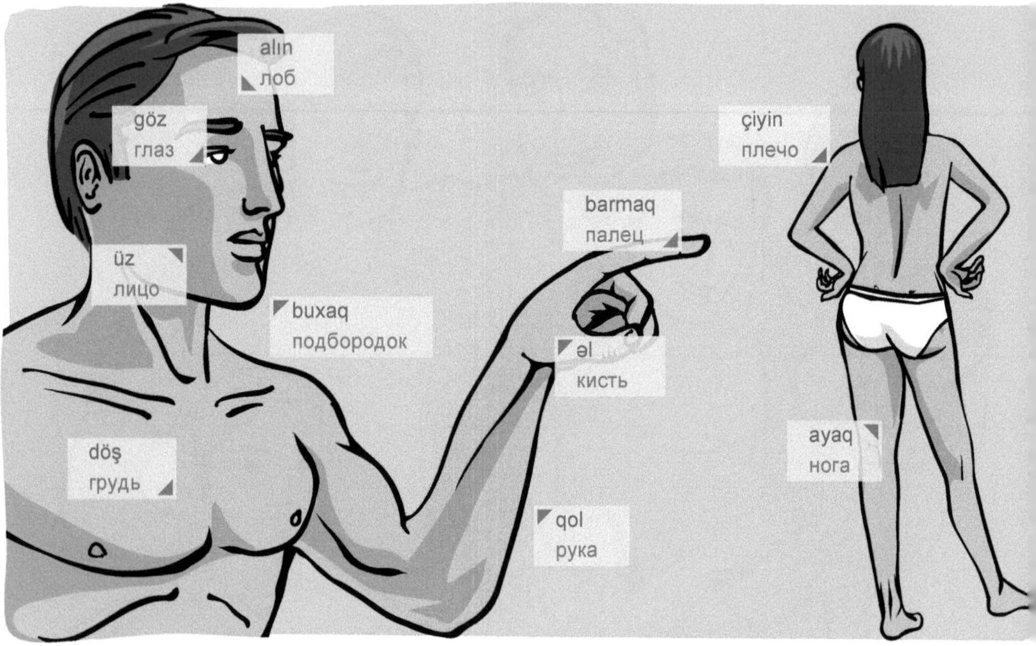

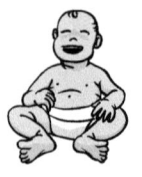

körpə

младенец

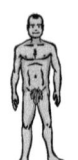

kişi

мужчина

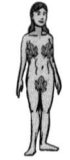

qadın

женщина

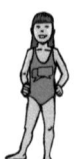

qız

девочка

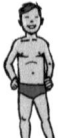

oğlan

мальчик

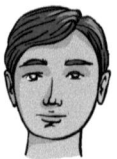

baş

голова

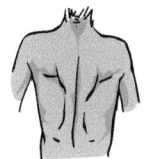

bel

спина

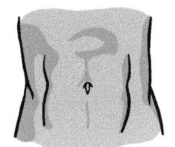

qarın

живот

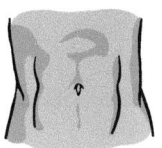

göbək

пупок

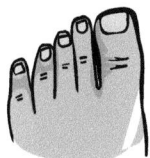

ayaq barmağı

палец ноги

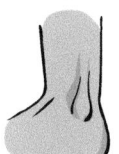

daban

пятка

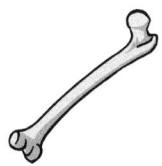

sümük

кость

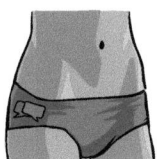

bud

бедро

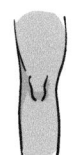

diz

колено

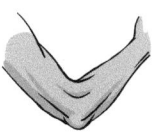

dirsək

локоть

burun

нос

sağrı

ягодицы

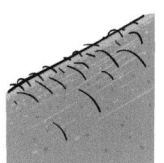

dəri

кожа

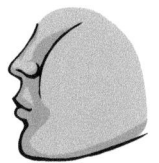

yanaq

щека

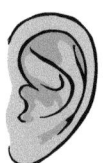

qulaq

ухо

dodaq

губа

ağız

рот

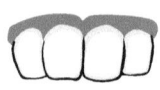

diş

зуб

dil

язык

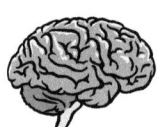

beyin

мозг

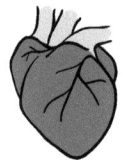

ürək

сердце

əzələ

мышца

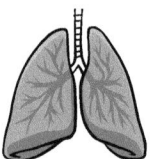

ağciyər

лёгкое

qaraciyər

печень

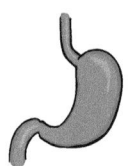

mədə

желудок

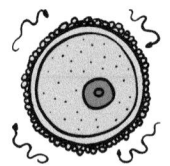

böyrəklər

почки

cinsi yaxınlıq

половой акт

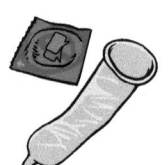

kondom

презерватив

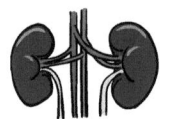

qadın cinsi hüceyrə

яйцеклетка

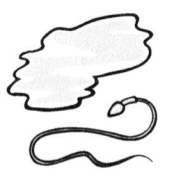

sperma

сперма

hamiləlik

беременность

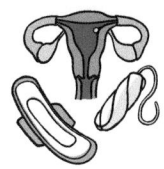

aybaşı
менструация

vagina
вагина

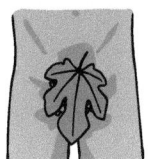

penis
пенис

qaş
бровь

saç
волосы

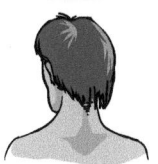

boyun
шея

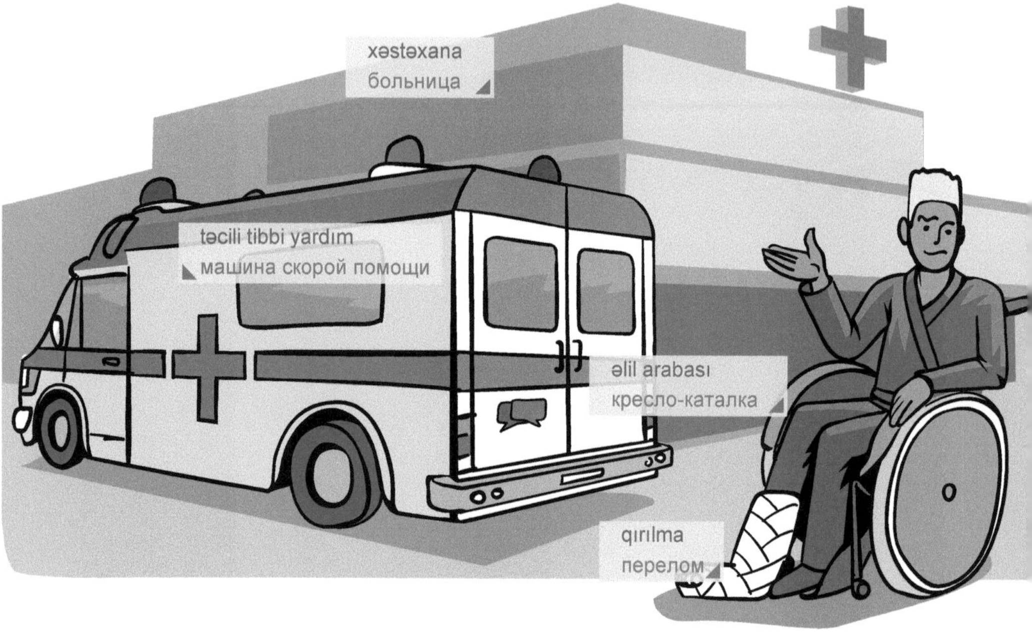

xəstəxana
больница

təcili tibbi yardım
машина скорой помощи

əlil arabası
кресло-каталка

qırılma
перелом

hҽkim

врач

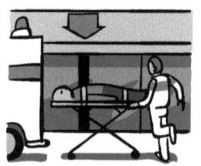

reanimasiya şöbəsi

пункт первой помощи

tibb bacısı

медсестра

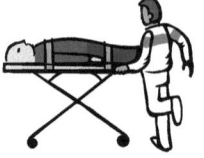

fövqəladə hallar

неотложный случай

huşunu itirmiş

без сознания

ağrı

боль

zədə

повреждение

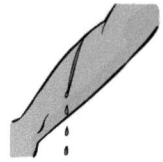

qanaxma

кровотечение

infarkt

инфаркт

insult

инсульт

allergiya

аллергия

öskürək

кашель

qızdırma

повышенная температура

qrip

грипп

ishal

понос

başağrısı

головная боль

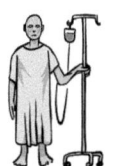

xərçəng

рак

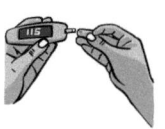

şəkərli diabet

диабет

cərrah

хирург

neştər

скальпель

əməliyyat

операция

CT
КТ

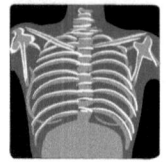

rentgen
рентген

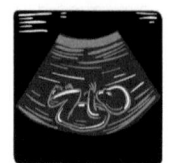

ultrasəs
ультразвук

maska
маска

xəstəlik
болезнь

gözləmə otağı
приёмная

qoltuqağacı
костыль

plaster
пластырь

sarğı
бинт

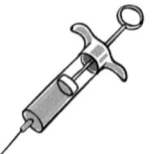

inyeksiya
укол

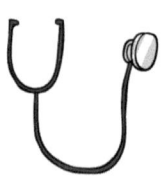

steteskop
стетоскоп

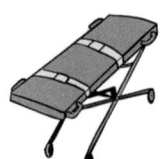

xərək
носилки

hərarətölçən
термометр

doğum
рождение

çəki artıqlığı
избыточный вес

eşitmə aparatı

слуховой аппарат

dezinfeksiyaedici

дезинфекционное
средство

infeksiya

инфекция

virus

вирус

QİÇS

ВИЧ / СПИД

tibb

лекарство

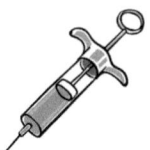

peyvənd

прививка

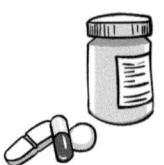

həblər

таблетки

həb

противозачаточная
таблетка

təcili zəng

экстренный вызов

qan təzyiqini ölçmək üçün
cihaz

прибор для измерения
кровяного давления

xəstə / sağlam

больной / здоровый

Kömək edin!

Помогите!

basqın

нападение

həyəcan siqnalı

сигнал тревоги

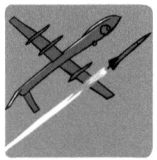

hücum

атака

təhlükə

опасность

ehtiyat çıxışı

запасной выход

odsöndürən

огнетушитель

qəza

несчастный случай

Yanğın!

Пожар!

ilkin yardım qutus

аптечка

SOS

SOS

polis

милиция

Avropa

Европа

Şimali Amerika

Северная Америка

Cənubi Amerika

Южная Америка

Afrika

Африка

Asiya

Азия

Avstraliya

Австралия

Atlantik

Атлантический океан

Sakit Okean

Тихий океан

Hind okeanı

Индийский океан

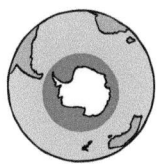

Antarktika Okeanı

Антарктический океан

Şimal Buzlu okeanı

Северный Ледовитый
океан

Şimal qütbü

Северный полюс

Cənub qütbü

Южный полюс

Antarktika

Антарктика

Yer kürəsi

земля

ölkə

суша

dəniz

море

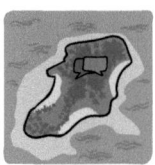

ada

остров

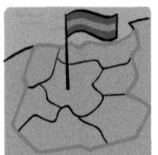

millət

нация

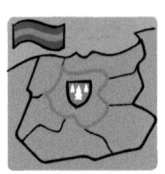

dövlət

государство

siferblat

циферблат

saat əqrəbi

часовая стрелка

dəqiqə əqrəbi

минутная стрелка

saniyə əqrəbi

секундная стрелка

Saat neçədir?

Который час?

gün

день

vaxt

время

indi

сейчас

rəqəmsal saat

электронные часы

dəqiqə

минута

saat

час

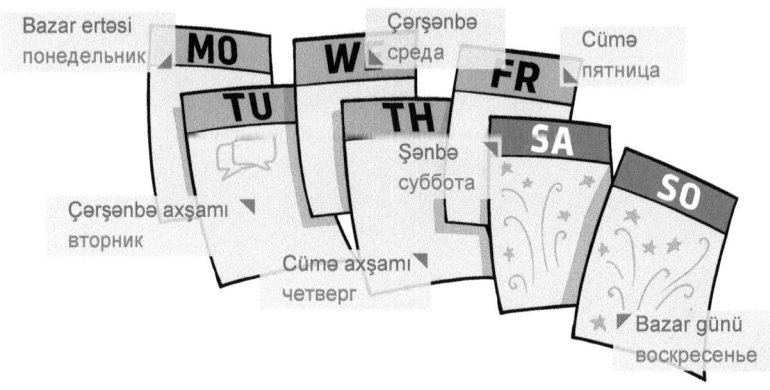

Bazar ertəsi
понедельник

Çərşənbə
среда

Cümə
пятница

Çərşənbə axşamı
вторник

Şənbə
суббота

Cümə axşamı
четверг

Bazar günü
воскресенье

dünən
....
вчера

bugün
....
сегодня

sabah
....
завтра

səhər
....
утро

günorta
....
полдень

axşam
....
вечер

MO	TU	WE	TH	FR	SA	SU
1	2	3	4	5	6	7
8	9	10	11	12	13	14
15	16	17	18	19	20	21
22	23	24	25	26	27	28
29	30	31	1	2	3	4

iş günü
....
рабочие дни

MO	TU	WE	TH	FR	SA	SU
1	2	3	4	5	6	7
8	9	10	11	12	13	14
15	16	17	18	19	20	21
22	23	24	25	26	27	28
29	30	31	1	2	3	4

həftə sonu
....
выходные

il

год

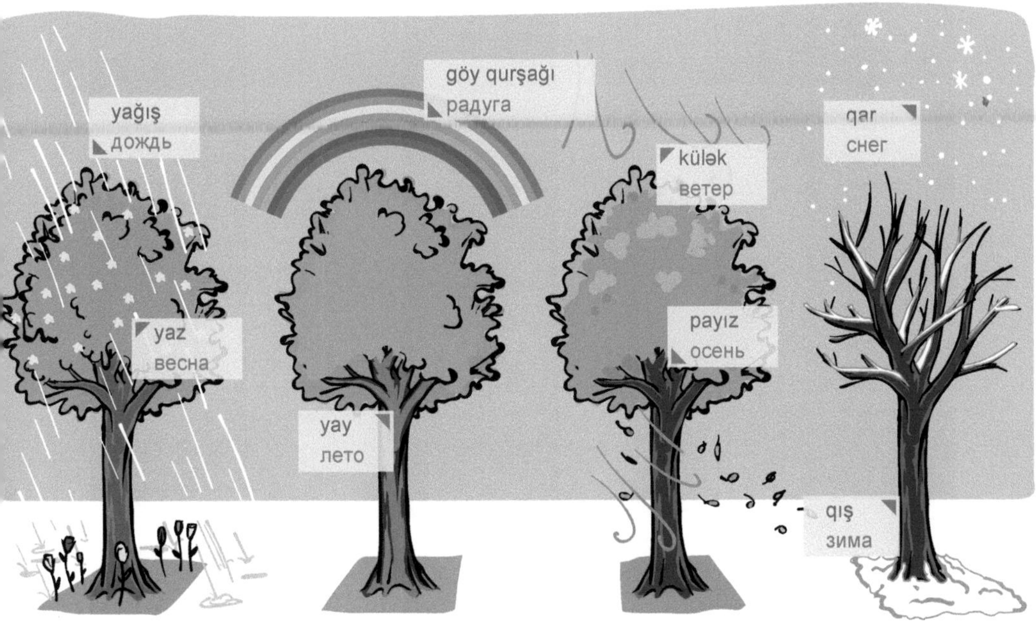

göy qurşağı
радуга
yağış
дождь
külək
ветер
qar
снег
yaz
весна
payız
осень
yay
лето
qış
зима

4.APRIL 11°
5.APRIL 4°
6.APRIL 13°
7.APRIL 8°
8.APRIL 10°

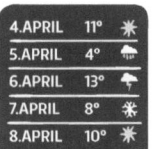

hava proqnozu

прогноз погоды

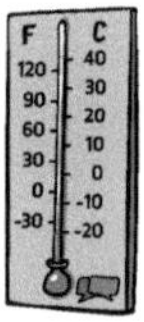

F C
120 40
90 30
60 20
30 10
0 0
-30 -10
-20

termometr

термометр

günəş işığı

солнечный свет

bulud

туча

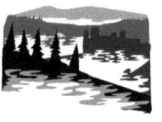

duman

туман

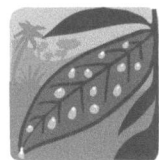

rütubət

влажность воздуха

ildırım

молния

göy gurultusu

гром

fırtına

буря

dolu

град

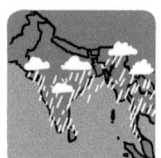

musson

муссон

daşqın

наводнение

buz

лёд

yanvar

январь

fevral

февраль

mart

март

aprel

апрель

may

май

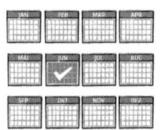

iyun

июнь

iyul

июль

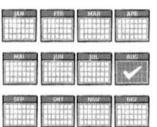

avqust

август

sentyabr

сентябрь

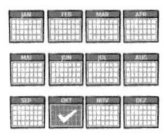

oktyabr

октябрь

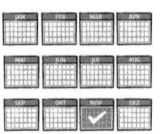

noyabr

ноябрь

dekabr

декабрь

formalar

формы

dairə

круг

kvadrat

квадрат

düzbucaqlı

прямоугольник

üçbucaq

треугольник

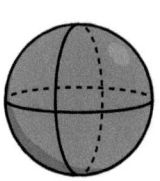

kürə

шар

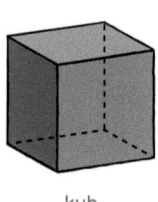

kub

куб

ağ

белый

sarı

желтый

narıncı

оранжевый

çəhrayı

розовый

qırmızı

красный

bənövşəyi

лиловый

mavi

синий

yaşıl

зелёный

palıdı

коричневый

boz

серый

qara

черный

çox / az

много / мало

qeyzli / sakit

яростный / мирный

yaraşıqlı / eybəcər

красивый / уродливый

başlanğıc / son

начало / конец

böyük / kiçik

большой / маленький

işıqlı / qaranlıq

светлый / темный

qardaş / bacı

брат / сестра

təmiz / kirli

чистый / грязный

tam / natamam

полный / неполный

gündüz / gecə

день / ночь

ölü / diri

мёртвый / живой

geniş / dar

широкий / узкий

yemeli / yeyilməyən

съедобный / несъедобный

hirsli / mehriban

злой / дружелюбный

həyəcanlı / bezmiş

взволнованный / скучающий

kök / arıq

толстый / худой

ilk / son

сначала / в конце

dost / düşmən

друг / враг

dolu / boş

полный / пустой

sərt / yumşaq

твёрдый / мягкий

ağır / yüngül

тяжёлый / легкий

aclıq / susuzluq

голод / жажда

xəstə / sağlam

больной / здоровый

qanunsuz / qanuni

незаконный / законный

ağıllı / axmaq

умный / глупый

sol / sağ

слева / справа

yaxın / uzaq

близко / далеко

yeni / istifadə edilmiş

новый / подержанный

heç bir şey / bir şey

ничто / нечто

qoca / gənc

старый / молодой

açma / bağlama

включено / выключено

açıq / bağlı

открыто / закрыто

sakit/ bərk

тихо / громко

varlı / kasıb

богатый / бедный

düzgün / səhv

правильный /
неправильный

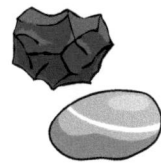

kobud / hamar

шероховатый / гладкий

kədərli / xoşbəxt

печальный / счастливый

qısa / uzun

короткий / длинный

yavaş / sürətli

медленный / быстрый

yaş / quru

мокрый / сухой

isti / sərin

тёплый / прохладный

müharibə / sülh

война / мир

0
sıfır
ноль

1
bir
один

2
iki
два

3
üç
три

4
dörd
четыре

5
beş
пять

6
altı
шесть

7
yeddi
семь

8
səkkiz
восемь

9
doqquz
девять

10
on
десять

11
on bir
одиннадцать

12
on iki
двенадцать

13
on üç
тринадцать

14
on dörd
четырнадцать

15
on beş
пятнадцать

16
on altı
шестнадцать

17
on yeddi
семнадцать

18
on səkkiz
восемнадцать

19
on doqquz
девятнадцать

20
iyirmi
двадцать

100
yüz
сто

1.000
min
тысяча

1.000.000
milyon
миллион

ədədlər - цифры

İngilis dili

английский

İngilis dilinin amerikan variantı

американский английский

Çin dilinin Mandarin dialekti

мандаринский китайский

Hind dili

хинди

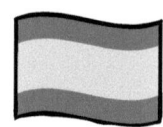

İspan dili

испанский

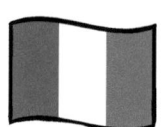

Fransız dili

французский

Ərəb dili

арабский

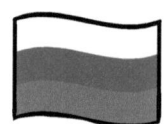

Rus dili

русский

Portuqal dili

португальский

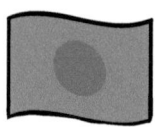

Benqal dili

бенгальский

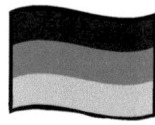

Alman dili

немецкий

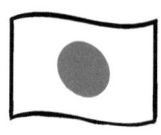

Yapon dili

японский

mən

я

sən

ты

o / o / o

он / она / оно

biz

мы

siz

вы

onlar

они

kim?

кто?

nə?

что?

necə?

как?

harada?

где?

nə zaman?

когда?

ad

имя

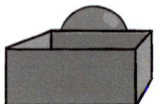

arxadan

за

içində

в

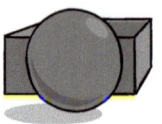

qarşısında

перед

üzərində

над

dair

на

altında

под

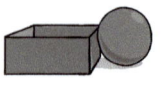

yanaşı

рядом

arasında

между

yer

место